INVENTAIRE
V 35504

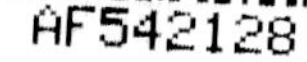
AF542128

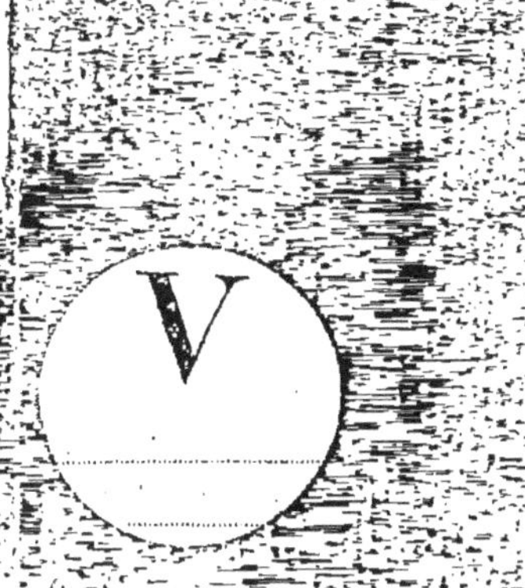
V

NOUVEAU

CODE DE SIGNAUX

DE JOUR ET DE NUIT,

OU DE COMMUNICATION D'UN LIEU À UN AUTRE

AU MOYEN D'UN SYSTÈME PYROTECHNIQUE,

A L'USAGE

DE LA MARINE, DE LA GUERRE ET DES CHEMINS DE FER,

PAR M. COULIER,

Chevalier de l'ordre royal de la Légion d'honneur, auteur de l'Atlas général des phares à l'usage des navigateurs, etc., etc.,

ET M. RUGGIERI,

Artificier du roi.

Prix : 3 francs.

Janvier 1846.

PARIS,

CHEZ L'AUTEUR, RUE DU BAC, 19.

1846.

NOUVEAU

CODE DE SIGNAUX

DE JOUR ET DE NUIT.

SAINT-CLOUD. — IMPRIMERIE DE BELIN-MANDAR.

NOUVEAU
CODE DE SIGNAUX
DE JOUR ET DE NUIT,

OU DE COMMUNICATION D'UN LIEU A UN AUTRE

AU MOYEN D'UN SYSTÈME PYROTECHNIQUE;

A L'USAGE

DE LA MARINE, DE LA GUERRE ET DES CHEMINS DE FER,

PAR M. COULIER,

Chevalier de l'ordre royal de la Légion d'honneur, auteur de l'Atlas général des phares à l'usage des navigateurs, etc., etc.,

ET M. RUGGIERI,

Artificier du roi.

Prix : 3 francs.

Janvier 1846.

PARIS,

CHEZ L'AUTEUR, RUE DU BAC, 19.

1846.

NOUVEAU

CODE DE SIGNAUX

DE JOUR ET DE NUIT.

I. PRÉLIMINAIRES.

Les différents systèmes de signaux qui ont été publiés, parfaits pour leur époque, laissent beaucoup à désirer pour la nôtre, et cette considération nous a engagés à en offrir un nouveau au public, au moyen duquel on pourra communiquer à la fois le jour et la nuit.

Les signaux de nuit, particulièrement, n'avaient pas été étudiés d'une manière satisfaisante, et cependant il est des classes entières de la société auxquelles ils doivent être de la plus grande utilité, notamment les marins et les corps de troupes dispersés sur de grands espaces dans un pays ennemi, ou bloqués dans des forts : les administrations des chemins de fer, etc.

Souvent la sûreté d'un navire, la réussite d'une expédition militaire, dépendent de la connaissance des dangers ou des difficultés qu'on doit affronter pendant la nuit, cette époque presque toujours la plus longue et la plus dangereuse de la vie.

Dans le travail sur la *télégraphie* que l'un de nous présenta à une commission de la guerre, présidée en 1820 par le colonel *Bonne*, qui embrassait à la fois les signaux de jour et de nuit, cette démonstration fut donnée de la manière la plus décisive. Néanmoins la méthode n'avait pas la perfection qu'il a été possible de lui donner aujourd'hui ; les feux n'étaient que des lanternes et se distinguaient à peine. Tout ce qui a été fait depuis n'a été qu'une imitation de la même méthode, et reste frappé de la même imperfection.

Cependant des codes de signaux ont été publiés depuis, à Londres et à Copenhague, mais ils ne comprennent que les signaux de jour au moyen de pavillons, et quelques indications par le canon (1), sans la moindre allusion à ce qui pourrait être exécuté par les fusées ou les parachutes que nous proposons.

Notre méthode, sans être entièrement nouvelle, car l'un de nous a montré dans ses ouvrages de pharologie (*Description générale des phares à l'usage des navigateurs*, 6e édition; et *Atlas général des phares*) que dans le golfe du Bengale, les pilotes de l'entrée de l'*Ougly* brûlent des feux de couleurs pour signaler leurs stations, et que les Chinois en ont fait également usage de temps immémorial ; notre méthode est cependant la première qui ait été régulièrement offerte au public. Nous espérons qu'elle aura des résultats utiles.

Laissant donc de côté les faibles essais tentés au moyen de lanternes sur nos bateaux à vapeur, qu'on distingue à peine d'un myriamètre dans les beaux temps et que la moindre agitation atmosphérique éteint, notre méthode consistera en signaux par des feux d'artifice, qui, offrant l'avantage d'une grande clarté, sont susceptibles, par l'élévation à laquelle on peut les porter dans l'atmosphère et leur réflexion dans les nues, de se laisser voir sur un horizon de près d'un degré de diamètre, et former une chaîne télégraphique aussi sûre que commode et économique.

(1) Les expériences de ce genre que l'on vient de renouveler à Vincennes, sont déjà très-anciennes et sont frappées de plusieurs vices qui les rendent inutiles : ainsi, comment reconnaître un signal de ce genre quand on tire quelques milliers de coups de canon dans un engagement ?

Ce système pourra comprendre :

1° Les signaux d'un navire à la mer;
2° id. faits par les côtes aux navires du large;
3° id. par un corps d'armée en campagne;
et 4° id. faits sur les chemins de fer.

Les difficultés ne porteront que sur l'appréciation des couleurs, et leur application exacte à la table.

Disposant de cinq couleurs principales et de leurs mélanges, de feux de natures diverses, on voit combien les combinaisons peuvent être multipliées et que le dictionnaire peut être entièrement altéré ou changé, suivant les besoins qu'on en aura, par le renversement de l'ordre établi, ou en changeant les combinaisons. Il suit de là que les propositions que nous posons, peuvent être modifiées le plus facilement possible.

Les navires entre eux ou avec les côtes, etc., appelleront ainsi mutuellement l'attention des uns et des autres.

Avancer que le système que nous proposons répondra aux besoins dans tous les cas, serait une témérité qui doit être loin de nous; notre expérience de la mer nous apprend suffisamment, que pendant certains ouragans et lorsqu'il est impossible à un homme de se tenir debout sur le pont d'un navire; pendant les temps de brouillards tels qu'on en essuie assez souvent dans les mers du Nord, alors assurément notre système, quoique atteignant à peu près la perfection, peut n'être momentanément d'aucune utilité; mais nous ferons remarquer, que les brouillards n'atteignant souvent qu'une médiocre élévation, et que nos signaux montant à plus de mille mètres, il sera encore bien souvent possible à un navire de communiquer avec la terre, particulièrement en les appuyant de quelques coups de canon, c'est-à-dire en mettant en jeu les deux facultés de la vue et de l'ouïe : et le calme qui règne ordinairement pendant les brouillards est encore favorable pour faire connaître sa position dans cette circonstance. On verra bientôt que ce que nous disons ici de la marine, s'applique également à la guerre et au service des chemins de fer.

Les secours que l'on peut tirer de l'emploi de notre système pyrotechnique, composé de parachutes pour le jour et de fusées pour la nuit, ne peuvent être que justement appréciés. Ces pièces, dont le tir est facile et qui se laissent voir sur un immense horizon, se distinguent parfaitement entre elles, au moyen de leurs couleurs et de leur longue durée dans l'atmosphère.

En Algérie, le défaut de moyens de communication a forcé à de longues recherches sans qu'il fût possible aux corps de se rencontrer. A Waterloo, évidemment quelques fusées de convention, obviant à l'interception des ordonnances, appelaient l'armée d'observation en action, et concouraient à changer le sort de cette importante bataille, comme l'aspect général de la fortune européenne.

Il est peu de marins ou de militaires qui ne se rappellent quelques circonstances de leur vie où de semblables moyens de communication ne leur aient fait défaut ou leur eussent servi avantageusement. Posséder les moyens efficaces de franchir les distances et obvier aux difficultés des langues parlées pour parvenir dans certaines circonstances à sauver des hommes et des valeurs considérables, était jusqu'ici un *desideratum* réel, et nous espérons avoir rempli cette lacune d'une manière satisfaisante.

Une nouvelle application tout aussi intéressante, sera celle qui concerne les chemins de fer; en effet, déjà aujourd'hui, et particulièrement quand ces chemins auront entièrement remplacé les routes pavées et les canaux, il est évident que le parcours deviendra incessant et non interrompu; qu'on y sera exposé aux dangers que cet immense service occasionnera aux lignes comme au matériel, et que le besoin d'une communication par signaux avec les stations centrales, est une nécessité de position.

L'art pyrotechnique n'ayant pas atteint le degré de perfection que l'un de nous a puissamment contribué à lui faire acquérir dans ces derniers temps, les signaux dont on a fait usage jusqu'à ce jour ont toujours été des signaux ou télégraphiques ou à pavillons, comme ceux indiqués par MM. Missiessy, Rohde, Marryat, Raper, etc. Composés de moyens défectueux, aucune suite n'a pu être donnée à leurs projets imparfaits. Mais comme nous possédons actuellement les moyens de varier presque indéfiniment les couleurs pyrotechniques, il devient comparativement facile d'établir un bon code de signaux qui remédiera aux inconvénients dont son absence a été la cause. Espérons même que cet art acquerra bientôt assez de perfection pour permettre d'éclairer des horizons encore plus considérables, des dangers sous-marins, afin d'éviter les naufrages multipliés qui ont encore lieu de temps en temps : alors la navigation de nuit deviendra comparativement plus assurée que celle de jour.

Quant aux chemins de fer, on peut dire que les moyens de communication possédés actuellement par les administrations pour signaler les accidents au loin, sont à peu près nuls; et avec cette pauvreté de moyens, une fatalité désespérante leur fait abandonner la construction des voies, l'établissement du matériel comme la conduite des remorqueurs, à des Anglais, qui, toujours ivres sur tous les points du globe, éprouvent les naufrages les plus redoutables à bord de leurs navires, comme les plongeons les plus horribles avec les convois au fond de leurs rivières; et nous les font partager, sans nous rappeler que le seul travail passable qui ait été exécuté dans ces derniers temps, est le tunnel sous la Tamise, à Rotherhite, et qu'il l'a été par un Français, le célèbre ingénieur *Brunel*.

Le prix auquel les boîtes des différentes classes sont établies par M. *Ruggieri*, ne mettra pas seulement notre méthode entre les mains de la classe la plus riche, mais encore entre celles de tous les armateurs ou leurs capitaines, des chambres du commerce ou de pilotage ; la marine en général pourra facilement s'en procurer les avantages par une dépense réellement insignifiante, eu égard aux résultats à obtenir ; et les administrations de la marine, de la guerre et des chemins de fer y trouveront un motif pour en ordonner l'emploi de la manière la plus générale, c'est-à-dire la plus utile à l'humanité et à la chose publique.

Nous laisserons à l'avenir de décider si notre système a été aussi utile que nous l'espérons; et en nous abstenant d'entrer dans aucun détail sur l'emploi illicite qu'on en pourrait faire, nous avons la confiance de croire que les deux plus redoutables adversaires qu'il pourra rencontrer, et qui sont en même temps les causes déterminantes de l'abandon de nombre de bonnes inventions en France ; l'indifférence et la parcimonie, sources de toutes les calamités humaines, le céderont à la grande utilité de l'objet dont nous proposons l'emploi.

II. MÉTHODE.

Pour plus grande clarté et éviter la confusion, nous avons divisé la méthode comme les moyens d'exécution ; chacune de ces divisions, au nombre de douze, correspond à une des cases des boîtes à feux et à parachutes établies avec les plus grands soins par M. *Ruggieri* ; et elle comprend elle-même un nombre pareil de subdivisions, ce qui porte provisoirement les signaux possibles à cent quarante-quatre, sans la moindre incertitude ; ainsi cent quarante-quatre ordres peuvent être transmis et suffire presque à tous les besoins. Les signaux de jour seront distincts de ceux de nuit.

S'il était nécessaire, on comprend qu'il serait facile de former dix-huit ou vingt de ces combinaisons, qui, étant multipliées par elles-mêmes, en donneraient quatre cents; ces dernières pouvant à leur tour être modifiées au moyen de mixtions à explosion, donneraient bientôt quinze à dix-huit cents signaux, plus que suffisants pour épuiser le dictionnaire d'une langue.

Nous nous sommes bornés, pour plus de facilité, aux douze combinaisons suivantes, qui s'appliquent le plus heureusement, tant aux signaux de jour que de nuit, avec cette seule différence, que dans la première période, ils seront faits par des parachutes, et dans la seconde par des feux.

§ 1. *Signaux de jour ou parachutes.*

Ces signaux et leur arrangement dans les caisses, sont:

(1) Blanc.	(2) Blanc-Bleu.	(3) Blanc-Jaune.	(4) Blanc-Noir.
(5) Blanc-Rouge.	(6) Blanc-Vert.	(7) Bleu.	(8) Carreaux.
(9) Jaune.	(10) Noir.	(11) Rouge.	(12) Vert.

Cette division ainsi faite, chacune de ces combinaisons sera *l'ordonnateur, le titre* de la page à laquelle on recourra pour chercher l'explication du signal qui va suivre. Par exemple, en voyant paraître un parachute *blanc-vert*, on prendra immédiatement la page (6) pour attendre le second signal qui doit déterminer la ligne de cette page et conséquemment la phrase de cette ligne qui est communiquée. Donc, dans tous les signaux faits au moyen de deux pièces qui se suivent, la première donnera toujours la page et la deuxième la ligne de cette page : le premier signal sera l'ordonnateur, le deuxième le conducteur.

Si le premier parachute *blanc-vert* était seul, n'était suivi d'aucun autre, c'est qu'il faudrait de suite l'appliquer à la ligne 6 de la page (6) des tableaux qui suivent.

Il sera important de ne pas laisser écouler plus de trente secondes entre le tir des pièces, quand il s'agit de signaux faits à l'aide de deux pièces ; ce temps est quatre fois suffisant pour ce tir; il doit être convenu que lorsqu'il sera écoulé, le signal est considéré comme terminé.

Enfin, comme signal d'attention, les deux parties qui veulent correspondre, tireront chacune un feu *pluie d'or ;* et sans cette correspondance, il sera inutile d'aller outre.

Ces préliminaires une fois compris, nous formerons donc la table suivante, d'après les couleurs et la pagination indiquées à l'*ordonnateur* écrit ci-dessus, en avertissant que nous n'avons rempli que la page (1), pour servir d'exemple, et laissé les suivantes en blanc, pour être remplies par les personnes qui se serviront de notre travail, suivant leurs besoins. *Voir les exemples à la fin de ce travail.*

MODÈLE.

SIGNAUX DE JOUR. (Parachutes.)

ORDONNATEUR. (1) Blanc

		CHEMINS DE FER.	GUERRE.	MARINE.
CONDUCTEUR	et Blanc. . . .	Bonne arrivée.	Succès.	Heureuse traversée.
	et Blanc-Bleu. .	Retard forcé.	Nous sommes interceptés.	Envoyez pilote.
	et Blanc-Jaune.	Accident.	Ennemi en vue.	Nous courons sur les dangers.
	et Blanc-Noir. .	Arrêt.	Nous sommes en danger.	Nous allons sombrer.
	et Blanc-Rouge.	Arrêtez les convois.	Ralliez.	Envoyez des chaloupes.
	et Blanc-Vert. .	Envoyez secours.	Envoyez la cavalerie.	Envoyez du monde.
	et Bleu.	Répétez signal.	Répétez signal.	Répétez signal.
	et Carreaux. . .	Envoyez remorqueur.	Envoyez artillerie.	Envoyez une ancre.
	et Jaune. . . .	Déraillé.	Nous sommes bloqués.	Nous avons perdu la chaîne.
	et Noir.	Incendie.	Nous sommes battus.	L'ennemi est en vue.
	et Rouge. . . .	Explosion.	Manque de munitions.	Manque de vivres.
	et Vert.	Accident réparé.	Nous poursuivons l'ennemi.	Nous mettons à la voile.

SIGNAUX DE JOUR. (Parachutes.)

ORDONNATEUR. (1) **Blanc**

CONDUCTEUR

— et Blanc. . . . . .
— et Blanc-Bleu. . .
— et Blanc-Jaune. .
— et Blanc-Noir. . .
— et Blanc-Rouge. .
— et Blanc-Vert. . .
— et Bleu. . . . . .
— et Carreaux. . . .
— et Jaune. . . . . .
— et Noir. . . . . . .
— et Rouge. . . . . .
— et Vert. . . . . . .

SIGNAUX DE JOUR. (Parachutes.)

ORDONNATEUR. (2) **Blanc-Bleu**

CONDUCTEUR

— et Blanc. . . . . .

— et Blanc-Bleu. . .

— et Blanc-Jaune. .

— et Blanc-Noir. . .

— et Blanc-Rouge. .

— et Blanc-Vert. . .

— et Bleu. . . . . .

— et Carreaux. . . .

— et Jaune. . . . . .

— et Noir. . . . . . .

— et Rouge. . . . . .

— et Vert. . . . . . .

SIGNAUX DE JOUR. (Parachutes.)

ORDONNATEUR. (3) **Blanc-Jaune**

CONDUCTEUR

— et Blanc. . . . . .

— et Blanc-Bleu. . .

— et Blanc-Jaune. .

— et Blanc-Noir. . .

— et Blanc-Rouge. .

— et Blanc-Vert. . .

— et Bleu. . . . . .

— et Carreaux. . . .

— et Jaune. . . . . .

— et Noir. . . . . . .

— et Rouge. . . . . .

— et Vert. . . . . . .

SIGNAUX DE JOUR. (Parachutes.)

ORDONNATEUR. (4) **Blanc-Noir**

CONDUCTEUR

— et Blanc. . . . . .
— et Blanc-Bleu. . .
— et Blanc-Jaune. .
— et Blanc-Noir. . .
— et Blanc-Rouge. .
— et Blanc-Vert. . .
— et Bleu. . . . . .
— et Carreaux. . . .
— et Jaune. . . . . .
— et Noir. . . . . . .
— et Rouge. . . . . .
— et Vert. . . . . . .

SIGNAUX DE JOUR. (Parachutes.)

ORDONNATEUR. (5) **Blanc-Rouge**

CONDUCTEUR

— et Blanc. . . . . .

— et Blanc-Bleu. . .

— et Blanc-Jaune. .

— et Blanc-Noir. . .

— et Blanc-Rouge. .

— et Blanc-Vert. . .

— et Bleu. . . . . .

— et Carreaux. . . .

— et Jaune. . . . . .

— et Noir. . . . . . .

— et Rouge. . . . . .

— et Vert. . . . . . .

SIGNAUX DE JOUR. (Parachutes.)

ORDONNATEUR. (6) **Blanc-Vert**

CONDUCTEUR

— et Blanc. . . . . .

— et Blanc-Bleu. . .

— et Blanc-Jaune. .

— et Blanc-Noir. . .

— et Blanc-Rouge. .

— et Blanc-Vert. . .

— et Bleu. . . . . .

— et Carreaux. . . .

— et Jaune. . . . . .

— et Noir. . . . . . .

— et Rouge. . . . . .

— et Vert. . . . . . .

SIGNAUX DE JOUR. (Parachutes.)

ORDONNATEUR. (7) **Bleu**

CONDUCTEUR

— et Blanc. . . . . .

— et Blanc-Bleu. . .

— et Blanc-Jaune. .

— et Blanc-Noir. . .

— et Blanc-Rouge. .

— et Blanc-Vert. . .

— et Bleu. . . . . .

— et Carreaux. . . .

— et Jaune. . . . . .

— et Noir. . . . . . .

— et Rouge. . . . . .

— et Vert. . . . . . .

SIGNAUX DE JOUR. (Parachutes.)

ORDONNATEUR. (8) **Carreaux**

CONDUCTEUR

— et Blanc. . . . . .

— et Blanc-Bleu. . .

— et Blanc-Jaune. .

— et Blanc-Noir. . .

— et Blanc-Rouge. .

— et Blanc-Vert. . .

— et Bleu. . . . . .

— et Carreaux. . . .

— et Jaune. . . . . .

— et Noir. . . . . . .

— et Rouge. . . . . .

— et Vert. . . . . . .

SIGNAUX DE JOUR. (Parachutes.)

ORDONNATEUR. (9) **Jaune**

CONDUCTEUR

— et Blanc. . . . . .
— et Blanc-Bleu. . .
— et Blanc-Jaune. .
— et Blanc-Noir. . .
— et Blanc-Rouge. .
— et Blanc-Vert. . .
— et Bleu. . . . . .
— et Carreaux. . . .
— et Jaune. . . . . .
— et Noir. . . . . . .
— et Rouge. . . . . .
— et Vert. . . . . . .

SIGNAUX DE JOUR. (Parachutes.)

ORDONNATEUR. (10) **Noir**

CONDUCTEUR

— et Blanc. . . . . .
— et Blanc-Bleu. . .
— et Blanc-Jaune. .
— et Blanc-Noir. . .
— et Blanc-Rouge. .
— et Blanc-Vert. . .
— et Bleu. . . . . .
— et Carreaux. . . .
— et Jaune. . . . . .
— et Noir. . . . . . .
— et Rouge. . . . . .
— et Vert. . . . . . .

SIGNAUX DE JOUR. (Parachutes.)

ORDONNATEUR. (11) **Rouge**

CONDUCTEUR

— et Blanc. . . . . .

— et Blanc-Bleu. . .

— et Blanc-Jaune. .

— et Blanc-Noir. . .

— et Blanc-Rouge. .

— et Blanc-Vert. . .

— et Bleu. . . . . .

— et Carreaux. . . .

— et Jaune. . . . . .

— et Noir. . . . . . .

— et Rouge. . . . . .

— et Vert. . . . . . .

SIGNAUX DE JOUR. (Parachutes.)

ORDONNATEUR. (12) **Vert**

CONDUCTEUR

— et Blanc. . . . . .

— et Blanc-Bleu. . .

— et Blanc-Jaune. .

— et Blanc-Noir. . .

— et Blanc-Rouge. .

— et Blanc-Vert. . .

— et Bleu. . . . . .

— et Carreaux. . . .

— et Jaune. . . . . .

— et Noir. . . . . . .

— et Rouge. . . . . .

— et Vert. . . . . . .

§ 2. *Signaux de nuit ou fusées.*

Ces fusées et leur arrangement dans les caisses, sont :

(1) Blanc.	(2) Blanc-Bleu.	(3) Blanc-Jaune.	(4) Blanc-Rouge.
(5) Blanc-Vert.	(6) Bleu.	(7) Jaune.	(8) Pluie d'or.
(9) Rouge.	(10) Serpenteaux.	(11) Serpenteaux étoilés.	(12) Vert.

Cette division, qui n'est que le § 1 modifié, servira aux mêmes usages, et nous formerons les tableaux conducteurs suivants ; on aura soin, comme pour les signaux de jour, de ne pas laisser plus de trente secondes de temps entre le tir des deux pièces lorsqu'elles appartiennent à un même signal, et en prévenant par une fusée tricolore, de l'intention où l'on est de se mettre en communication.

MODÈLE. — SIGNAUX DE NUIT. (Fusées.)

ORDONNATEUR. (1) **Blanc.**

		CHEMINS DE FER.	GUERRE.	MARINE.
CONDUCTEUR	et Blanc.	Bonne arrivée.	Succès.	Heureuse traversée.
	et Blanc-Bleu.	Retard forcé.	Nous sommes interceptés.	Envoyez pilote.
	et Blanc-Jaune. . . .	Accident.	Ennemi en vue.	Nous courons sur les dangers.
	et Blanc-Rouge. . . .	Arrêt.	Nous sommes en danger.	Nous allons sombrer.
	et Blanc-Vert.	Arrêtez les convois.	Ralliez.	Envoyez les chaloupes.
	et Bleu.	Envoyez secours.	Envoyez la cavalerie.	Envoyez du monde.
	et Jaune.	Répétez signal.	Répétez signal.	Répétez signal.
	et Pluie d'or.	Envoyez remorqueur.	Envoyez artillerie.	Envoyez une ancre.
	et Rouge.	Déraillé.	Nous sommes bloqués.	Nous avons perdu la chaîne.
	et Serpenteaux. . . .	Incendie.	Nous sommes battus.	L'ennemi est en vue.
	et Serpenteaux étoilés.	Explosion.	Manque de munitions.	Manque de vivres.
	et Vert..	Accident réparé.	Nous poursuivons l'ennemi.	Nous mettons à la voile.

SIGNAUX DE NUIT. (Fusées.)

ORDONNATEUR. (1) **Blanc**

CONDUCTEUR

— et Blanc. . . . .
— et Blanc-Bleu. . . . . .
— et Blanc-Jaune. . . . .
— et Blanc-Rouge. . . . .
— et Blanc-Vert. . . . . .
— et Bleu. . . . .
— et Jaune. . . . .
— et Pluie d'or. . . . . . .
— et Rouge. . . . .
— et Serpenteaux. . . . . .
— et Serpenteaux étoilés..
— et Vert. . . . .

SIGNAUX DE NUIT. (Fusées.)

ORDONNATEUR. (2) **Blanc-Bleu**

CONDUCTEUR

— et Blanc. . . . .
— et Blanc-Bleu. . . . . .
— et Blanc-Jaune. . . . .
— et Blanc-Rouge. . . . .
— et Blanc-Vert. . . . . .
— et Bleu. . . . .
— et Jaune. . . . .
— et Pluie d'or. . . . . . .
— et Rouge. . . . .
— et Serpenteaux. . . . . .
— et Serpenteaux étoilés.
— et Vert. . . . .

SIGNAUX DE NUIT. (Fusées.)

ORDONNATEUR. (3) **Blanc-Jaune**

CONDUCTEUR

— et Blanc. . . . .
— et Blanc-Bleu. . . . . .
— et Blanc-Jaune. . . . .
— et Blanc-Rouge. . . . .
— et Blanc-Vert. . . . . .
— et Bleu. . . . .
— et Jaune. . . . .
— et Pluie d'or. . . . . . .
— et Rouge. . . . .
— et Serpenteaux. . . . .
— et Serpenteaux étoilés..
— et Vert. . . . .

SIGNAUX DE NUIT. (Fusées.)

ORDONNATEUR. (4) **Blanc-Rouge**

CONDUCTEUR
— et Blanc. . . . .
— et Blanc-Bleu. . . . . .
— et Blanc-Jaune. . . . .
— et Blanc-Rouge. . . . .
— et Blanc-Vert. . . . . .
— et Bleu. . . . .
— et Jaune. . . . .
— et Pluie d'or. . . . .
— et Rouge. . . . .
— et Serpenteaux. . . . . .
— et Serpenteaux étoilés..
— et Vert. . . . .

SIGNAUX DE NUIT. (Fusées.)

ORDONNATEUR. (5) **Blanc-Vert**

CONDUCTEUR
— et Blanc. . . . .
— et Blanc-Bleu. . . . . .
— et Blanc-Jaune. . . . . .
— et Blanc-Rouge. . . . .
— et Blanc-Vert. . . . . .
— et Bleu. . . . .
— et Jaune.. . . . .
— et Pluie d'or. . . . . . .
— et Rougè. . . . .
— et Serpenteaux. . . . . .
— et Serpenteaux étoilés..
— et Vert. . . . .

SIGNAUX DE NUIT. (Fusées.)

ORDONNATEUR. (6) **Bleu**

CONDUCTEUR

— et Blanc. . . . .
— et Blanc-Bleu. . . . . .
— et Blanc-Jaune. . . . .
— et Blanc-Rouge. . . . .
— et Blanc-Vert. . . . . .
— et Bleu. . . . .
— et Jaune. . . . .
— et Pluie d'or. . . . . . .
— et Rouge. . . . .
— et Serpenteaux. . . . . .
— et Serpenteaux étoilés. .
— et Vert. . . . .

SIGNAUX DE NUIT. (Fusées.)

ORDONNATEUR. (7) **Jaune**

CONDUCTEUR

— et Blanc. . . . .
— et Blanc-Bleu. . . . . .
— et Blanc-Jaune. . . . . .
— et Blanc-Rouge. . . . .
— et Blanc-Vert. . . . . .
— et Bleu. . . . .
— et Jaune. . . . .
— et Pluie d'or. . . . . .
— et Rouge. . . . .
— et Serpenteaux. . . . . .
— et Serpenteaux étoilés..
— et Vert. . . . .

SIGNAUX DE NUIT. (Fusées.)

ORDONNATEUR. (8) **Pluie d'or**

CONDUCTEUR
— et Blanc. . . . .
— et Blanc-Bleu. . . . . .
— et Blanc-Jaune. . . . .
— et Blanc-Rouge. . . . .
— et Blanc-Vert. . . . . .
— et Bleu.. . . . .
— et Jaune. . . . .
— et Pluie d'or. . . . . . .
— et Rouge. . . . .
— et Serpenteaux. . . . . .
— et Serpenteaux étoilés..
— et Vert.. . . . .

SIGNAUX DE NUIT. (Fusées.)

ORDONNATEUR. (9) **Rouge**

CONDUCTEUR
— et Blanc. . . . .
— et Blanc-Bleu. . . . . .
— et Blanc-Jaune. . . . . .
— et Blanc-Rouge. . . . .
— et Blanc-Vert. . . . . .
— et Bleu. . . . .
— et Jaune. . . . .
— et Pluie d'or. . . . . . .
— et Rouge. . . . .
— et Serpenteaux. . . . . .
— et Serpenteaux étoilés..
— et Vert. . . . .

SIGNAUX DE NUIT. (Fusées.)

ORDONNATEUR. (10) **Serpenteaux**

CONDUCTEUR

— et Blanc. . . . .
— et Blanc-Bleu. . . . . .
— et Blanc-Jaune. . . . . .
— et Blanc-Rouge. . . . .
— et Blanc-Vert. . . . . .
— et Bleu. . . . .
— et Jaune. . . . .
— et Pluie d'or. . . . . . .
— et Rouge. . . . .
— et Serpenteaux. . . . . .
— et Serpenteaux étoilés..
— et Vert. . . . .

SIGNAUX DE NUIT. (Fusées.)

ORDONNATEUR. (11) **Serpenteaux étoilés**

CONDUCTEUR
— et Blanc. . . . .
— et Blanc-Bleu. . . . . .
— et Blanc-Jaune. . . . . .
— et Blanc-Rouge. . . . .
— et Blanc-Vert. . . . . .
— et Bleu. . . . .
— et Jaune. . . . .
— et Pluie d'or. . . . . . .
— et Rouge. . . . .
— et Serpenteaux. . . . . .
— et Serpenteaux étoilés. .
— et Vert. . . . .

SIGNAUX DE NUIT. (Fusées.)

ORDONNATEUR. (12) **Vert**

CONDUCTEUR
— et Blanc. . . . .
— et Blanc-Bleu. . . . . .
— et Blanc-Jaune. . . . . .
— et Blanc-Rouge. . . . .
— et Blanc-Vert. . . . . .
— et Bleu. . . . .
— et Jaune. . . . .
— et Pluie d'or. . . . . . .
— et Rouge. . . . .
— et Serpenteaux. . . . . .
— et Serpenteaux étoilés..
— et Vert. . . . .

D'après ce qui précède on voit qu'il sera facile d'épuiser tout le dictionnaire d'une langue; et par le renversement des signaux, on formerait un chiffre secret, à l'instar de ce qui se pratique en télégraphie; c'est-à-dire qu'avec ce système on peut multiplier les signaux à l'infini.

Après avoir rempli tous les tableaux de phrases, on reprendra ces dernières pour les arranger par ordre alphabétique et faciliter les recherches de celui qui veut parler; travail que nous ne pouvons qu'indiquer ici.

EXEMPLES DE SIGNAUX.

De jour. Un corps d'armée élèvera un parachute *blanc*, tout seul. Ce signal appartient à la page (1) et à la première ligne; il annonce *un succès*.

Un navire par ce signal annonce une heureuse traversée.

Le convoi du chemin de fer, une heureuse arrivée.

Si ce premier signal étoit suivi d'un parachute *blanc-rouge*, on lirait page (1), ligne 5.

Et ainsi de suite.

De nuit. La même chose a lieu pour les signaux de nuit, et ne demande pas à être expliquée; il suffira alors de recourir au § 2 et ses tableaux 1, 2, etc., dont nous avons disposé l'impression dans un sens différent, pour éviter la confusion.

www.ingramcontent.com/pod-product-compliance
Lightning Source LLC
LaVergne TN
LVHW020449230826
846091LV00004B/1607